BEI GRIN MACHT SICH I... WISSEN BEZAHLT

- Wir veröffentlichen Ihre Hausarbeit,
  Bachelor- und Masterarbeit

- Ihr eigenes eBook und Buch -
  weltweit in allen wichtigen Shops

- Verdienen Sie an jedem Verkauf

Jetzt bei www.GRIN.com hochladen und kostenlos publizieren

Bibliografische Information der Deutschen Nationalbibliothek:

Die Deutsche Bibliothek verzeichnet diese Publikation in der Deutschen National-
bibliografie; detaillierte bibliografische Daten sind im Internet über http://dnb.d-
nb.de/ abrufbar.

Impressum:

Copyright © 2019 GRIN Verlag
Druck und Bindung: Books on Demand GmbH, Norderstedt Germany
ISBN: 9783668910928

Dieses Buch bei GRIN:

https://www.grin.com/document/463375

Eric Helmes

Der Einfluss der digitalen Transformation auf die Nachhaltigkeit

GRIN Verlag

GRIN - Your knowledge has value

Der GRIN Verlag publiziert seit 1998 wissenschaftliche Arbeiten von Studenten, Hochschullehrern und anderen Akademikern als eBook und gedrucktes Buch. Die Verlagswebsite www.grin.com ist die ideale Plattform zur Veröffentlichung von Hausarbeiten, Abschlussarbeiten, wissenschaftlichen Aufsätzen, Dissertationen und Fachbüchern.

Assignment

zum Thema

Einfluss der digitalen Transformation auf die Nachhaltigkeit

des Studienganges Technisches Management (M. Sc.)
an der AKAD University, Stuttgart

von

Eric Helmes

Inhaltsverzeichnis

Abkürzungsverzeichnis

Symbol	Bedeutung
BIP	Bruttoinlandsprodukt
IAB	Institut für Arbeitsmarkt- und Bildungsforschung
PwC	PricewaterhouseCoopers International
AG	Aktiengesellschaft

1 Einleitung

1.1 Begründung der Problemstellung

„Hersteller, ihre Maschinen und ihre Produkte werden digital, und zwar global, vernetzt. Menschen und Maschinen – Maschinen, das heißt Roboter – arbeiten zusammen, und Maschinen können mithilfe der künstlichen Intelligenz zu lernenden Systemen werden."[1]

Dieses Zitat von Bundeskanzlerin Dr. Angela Merkel in ihrer Regierungserklärung von 2018 zum Thema Digitalisierung verdeutlicht, dass die aktuell stattfindende vierte industrielle Revolution langfristige, dauerhafte Veränderungen der Produktionswirtschaft bedeuten.[2]

Mit Hinblick auf die Nachhaltigkeit lässt sich folgendes sagen: „Die Digitalisierung ermöglicht auch Innovationen für ein öko-sozial verträglicheres wirtschaften - wenn denn das Potential genutzt wird."[3]

Allerdings wurde mit Hinblick auf die bisherige Entwicklung der Technologien „auch einen noch nie da gewesenen Raubbau an den natürlichen Ressourcen ermöglicht."[4]

„Digitalization is the driver that changes sustainability"[5].

Die Auswirkungen der digitalen Transformation und der damit verbundenen vierten industriellen Revolution auf die Nachhaltigkeit, werden von den genannten Quellen in einen klaren Zusammenhang gestellt. Um die Chancen und Risiken dieser Angelegenheit aufzeigen zu können, werden in diesem Assignment die Auswirkungen der digitalen Transformation auf die Nachhaltigkeit an Hand von einem Beispiel näher betrachtet.

---

[1] (Merkel, 2018)
[2] Vgl. (Bauernhansel, 2014 S. 33)
[3] (Bergius, 2015)
[4] (Mappus, 2005 S. 2)
[5] (Peter Seele, 2017 S. 183 - 184)

1.2 Ziele und Aufbau der Arbeit

Ziel dieser Arbeit ist es die Auswirkungen der digitalen Transformation auf die Nachhaltigkeit zu erforschen und durch ein Beispiel zu verdeutlichen. Dafür sind zunächst die theoretischen Grundlagen der digitalen Transformation, der vierten industriellen Revolution und der Nachhaltigkeit zu betrachten. Darauf aufbauen werden Chancen und Risiken der Digitalisierung in Form der Industrie 4.0 mit Hinblick auf die Nachhaltigkeit ausgearbeitet. Basierend darauf werden abschließend eine Zusammenfassung und ein Fazit, als kritische Reflektion der Arbeit, ausgearbeitet.

2 Theoretische Grundlagen

Um die beschriebene Aufgabenstellung und die damit verbundenen Ziele im Folgenden ausarbeiten zu können, ist es notwendig einige der theoretischen Grundlagen näher zu betrachten.

2.1 Nachhaltigkeit

„Humanity has the ability to make development sustainable to ensure that it meets the needs of the present without compromising the ability of future generations to meet their own needs"[6]. Durch diese Formulierung des Brundtland-Reports wird die Grundlage jeder Nachhhaltigkeitsdiskussion gebildet. Allerdings lässt sich hierbei die Frage stellen, welche „needs" (Bedürfnisse) wirklich befriedigt werden müssen.

Im Report „Limits to Growth" werden Anforderungen an eine nachhaltigere Welt gestellt: „We are searching for a model output that represents a world system that is:

1. sustainable without sudden and uncontrollable collapse; and

2. capable of satisfying the basic material requirements of all people"[7]

Diese Anforderungen spiegeln sich auch im sog. „Drei-Säulen-Modell" der Enquette Kommission wieder. Laut diesem Modell basiert Nachhaltigkeit auf den Säulen der Ökonomie, der Ökologie und des Sozialen.[8] Dadurch werden den Ressourcen mehrere Komponenten zugewiesen. Das „Drei-Säulen-Modell" lässt allerdings Spielraum für verschiedene Konzepte, Ideen oder auch Produkte in der Nachhaltigkeit. Es wird ein damit verbundener Zielkonflikt diskutiert. Werden die drei Säulen als gleichrangig betrachtet, müsste z.B. eine Maßnahme zur Reduktion der Schadstoffemissionen (Ökologie) nicht nur mit den dadurch entstehenden Kosten (Ökonomie) bewertet werden, sondern auch unter dem Aspekt, ob mit dem entsprechenden Aufwand im

---

[6] (World Commission on Environment and Development, 1987 S. 5)
[7] (Donella Meadows, 1972 S. 158)
[8] (Enquette Kommission, 1998 S. 18)

sozialen Bereich (z.B. bei der Bekämpfung von Kinderarbeit) ein größerer sozialer Nutzen erzielt werden könnte.[9]

2.2 Digitale Transformation

Die digitale Transformation oder auch Digitalisierung genannt spielt in wohl jedem Lebensbereich eine Rolle.[10] „Digitalisierung meint im engen Wortsinn das Überführen analoger Daten in ein diskretes System mit nur sehr wenigen Wertezuständen, im Extremfall sogar nur zwei (Binärsystem)"[11]

Die digitale Transformation ist jedoch mehr als etwa nur die Übertragung von analoger Information auf ein digitales Medium. Vielmehr geht es um die Übertragung des Menschen und seiner Lebens- sowie Arbeitswelten auf eine digitale Ebene.[12] Im Zusammenhang mit der Digitalisierung wird folgerichtig auch von der vierten industriellen Revolution gesprochen. Durch diese entstehen neue Digitalisierungs-Themen unter anderem in der Wirtschaft, Politik oder auch der Verwaltung. Zu diesen Themen gehören beispielsweise folgende Schlagwörter: „Arbeit 4.0", „Gesellschaft 4.0", „Industrie 4.0", „Politik 4.0", „Technologie 4.0", „Verwaltung 4.0", „Wirtschaft 4.0"[13].

Im Folgenden wird der Aspekt der Industrie 4.0 näher betrachtet.

2.3 Industrie 4.0

Der Begriff Industrie 4.0 steht für ein Hightech-Zukunftsprojekt der deutschen Bundesregierung. Es existiert keine allgemein anerkannte Definition des Projekts. Die Terminologie bezieht sich auf die vierte industrielle Revolution.

Während es sich bei den industriellen Vorläufer Revolutionen „um die Einführungen von durchaus disruptiven Technologien (Dampfmaschine in der ersten, elektrischer

---

[9] Vgl. (Bretzke, 2014 S. 35 - 43)
[10] Vgl. (Keuper, et al., 2013 S. VII)
[11] (Heuermann, et al., 2018 S. 9)
[12] Vgl. (Mehl, et al., 2011 S. 9 f.)
[13] Vgl. (Heuermann, et al., 2018 S. 11 f.)

Strom in der zweiten und der Mikrocomputer in der dritten industriellen Revolution)"[14] handelte, „so geht es jetzt um den ersten integrativen Ansatz zwischen Mensch und Maschine"[15]. Genauer bezeichnet Industrie 4.0 „die intelligente Vernetzung von Maschinen und Abläufen in der Industrie mit Hilfe von Informations- und Kommunikationsdesign."[16]

Der Mensch wird in der Industrie 4.0 weiterhin das steuernde und treibende Element bleiben, jedoch wird er möglichst in Symbiose mit der Technik arbeiten und produzieren.[17]

---

[14] (Reinheimer, 2017 S. V)
[15] (Reinheimer, 2017 S. V)
[16] (Energie, 2019)
[17] Vgl. (Reinheimer, 2017 S. V)

3 Auswirkungen der Digitalisierung auf die Nachhaltigkeit

In diesem Kapitel werden die Chancen und Risiken der digitalen Transformation mit Hinblick auf die Nachhaltigkeit und den damit verbundenen Aspekten der Ökologie, Ökonomie und dem Sozialem näher betrachtet. Verdeutlicht werden diese jeweils am Beispiel der Industrie 4.0.

3.1 Chancen der Industrie 4.0

In der Industrie 4.0 steckt ein enormes ökonomisches Potential. Das Bundesministerium für Wirtschaft und Energie geht davon aus, dass ca. 80 Prozent der Wertschöpfungskette digitalisiert werden. Auch mit einer Effizienzsteigerung von 18 Prozent wird gerechnet.[18] Wird das Bruttoinlandsprodukt, also der „Wert aller Güter und Dienstleistungen, die in einem Jahr innerhalb der Landesgrenzen einer Volkswirtschaft erwirtschaftet werden"[19], betrachtet, so kalkuliert beispielsweise das IAB in einer Industrie 4.0-Szenario-Rechnung mit einer preisbereinigten Steigerung des BIP um insgesamt 33 Mrd. € bis 2030.[20] Laut einer Studie des PwC rechnen „rund 50% der befragten Unternehmen für die nächsten fünf Jahre mit einem zweistelligen Umsatzwachstum allein durch Industrie 4.0 und die verstärkte Digitalisierung des Produktportfolios"[21]. Insgesamt wird von einem zusätzlichen Umsatzwachstum von 2,5% pro Jahr ausgegangen.[22]

Ein wichtiger Aspekt der Nachhaltigkeit ist der Energieverbrauch. Im Jahr 2015 benötigte „die Wirtschaft mit ihren vielen Produktionsbereichen [...] 73%"[23] der

---

[18] Vgl. (Bundesministerium für Wirtschaft und Energie, 2015 S. 4)
[19] (Bundeszentrale für politische Bildung, 2016)
[20] Vgl. (Wolter, et al., 2015 S. 54)
[21] (PWC, 2014 S. 29)
[22] Vgl. (PWC, 2014 S. 29)
[23] (Umweltbundesamt, 2018)

Primärenergie. Mit Hinblick auf die Entwicklungen in der Industrie 4.0 auf den Energie- und Ressourcenverbrauch, lässt sich sagen, dass allgemein mit einer Reduktion des Verbrauchs zu rechnen ist.

Die Firma Siemens AG rechnet durch den Einsatz von Energiemanagementsystemen in der Industrie mit einer Energieeinsparung von 10% in den ersten Jahren nach dessen Einführung.[24] So verbrauchen beispielsweise Produktionsmaschinen im Ruhemodus bis zu 60% ihrer Produktionsenergie. In der Autoindustrie lässt sich dieser Wert durch Energiemanagementsysteme um bis zu 32 Prozent reduzieren.[25]

Außerdem kann durch den Einsatz einer Digitalen Fabrik, also von Simulationen der tatsächlichen Anlage, eine deutlich bessere ressourcenorientierte Planung durchgeführt werden. Dadurch kann die Energie- und Ressourceneffizienz gesenkt werden.[26]

Weitere Chancen der Industrie 4.0 können am Aspekt der dezentralen Produktion ausgemacht werden. Studien zeigen, dass sich sowohl Transportentfernungen zum Verbraucher bzw. Kunden, als auch die Anzahl von Rücktransporten deutlich reduzieren würden, wenn im Zuge der digitalen Transformation die bislang zentrale Produktion immer mehr in eine Dezentrale, was bis hin zur adaptiven Fertigung, z.B. durch 3D-Druck, führen kann, umgewandelt wird.[27]

3.2 Risiken der Industrie 4.0

Die durch die Industrie 4.0 geförderte Flexibilität in den Produktionsprozessen bringt jedoch nicht nur Chancen, sondern auch Risiken mit sich. In der dezentralen Produktion müssen Produkte und Güter flexibel und somit mobil sein. Aus der erhöhten Flexibilität und Mobilität lassen sich steigende Transportintensitäten für Personen und Güter ableiten. Dadurch entsteht ein zunehmendes Risiko für die Ökologie in der Nachhaltigkeit in der Industrie 4.0.

---

[24] Vgl. (Siemens AG, 2012 S. 13)
[25] Vgl. (Siemens AG, 2012 S. 12)
[26] Vgl. (Krückhans, et al., 2013 S. 31f.)
[27] (Petschow, et al., 2014 S. 49f.)

Verstärkend hinzu kommt der sog. Reboundeffekt. Angewendet auf die Problematik der Industrie 4.0 bezüglich der Nachhaltigkeit, besagt der Reboundeffekt z.B., dass durch die verbesserte Verfügbarkeit von Produkten durch eine dezentrale Produktion gleichzeitig die Nachfrage an diesen Produkten steigt. Durch diesen Anstieg der Nachfrage werden die Chancen für die Nachhaltigkeit durch reduzierte Rücktransporte dem Risiko einer steigenden Nachfrage gegenübergestellt.[28]

Weiterhin ist unter anderem durch die erhöhte Flexibilität, die durch vierte industrielle Revolution hervorgerufen wird, mit Auswirkungen auf die Arbeitnehmer verbunden. Durch ständige Erreichbarkeit der Mitarbeiter droht „eine zunehmende Entgrenzung von Arbeit und Privatleben"[29]

„Der bereits beginnende Umbau der Arbeitswelt macht es notwendig, Ausbildung, Qualifikationen und Berufsfelder neu zu bewerten. Experten rechnen damit, dass 200 etablierte Berufsbilder [...] in den nächsten zehn Jahren überflüssig werden könnten."[30] Beispielsweise sind Berufe in der Produktion von starkem Arbeitsplatzabbau von mehr als 10% betroffen.[31] „From a technological capabilities point of view, the cast remainder of employment in production occupations is thus likely to diminish over the next decades."[32]

Die Automatisierung eines Arbeitsplatzes bedeutet jedoch noch nicht zwangsweise den kompletten Wegfall, sondern lediglich eine erforderliche Veränderung des Einsatzes menschlicher Ressourcen. Es wird von einer Polarisierung der Beschäftigung, verursacht durch zunehmende Automation, ausgegangen. Das bedeutet, dass durch die Industrie 4.0 „bestimmte Tätigkeiten im mittleren Qualifikations- und Lohnbereich zunächst automatisiert werden und dadurch wegfallen."[33] Durch diese Polarisierung

---

[28] Vgl. (Bretzke, et al., 2016 S. 83)
[29] (Bundesministerium für Wirtschaft und Energie, 2015 S. 4)
[30] (Bundesministerium für Wirtschaft und Energie, 2015 S. 4)
[31] Vgl. (Wolter, et al., 2015 S. 58)
[32] (Frey, et al., 2013 S. 38)
[33] (Buhr, 2015 S. 15)

gewinnen erfahrungs- und interaktionsbasierte Berufsfelder, welche am unteren und oberen Qualifikationsrand eingeordnet werden, zunehmend an Bedeutung.[34]

---

[34] Vgl. (Buhr, 2015 S. 15)

4 Zusammenfassung und Fazit

4.1 Zusammenfassung

Zusammenfassend ist zu sagen, dass die digitale Transformation ein wegweisendes Thema für die Zukunft ist. Auch wenn eine allgemeingültige, genaue Definition der Nachhaltigkeit nicht vorhanden ist, besteht zweifelsfrei ein Zusammenhang zwischen den Säulen der Nachhaltigkeit (Ökonomie, Ökologie, Soziales) und der Digitalisierung. Unter den verschiedenen Aspekten der digitalen Transformation, ist davon auszugehen, dass die durch die Digitalisierung ausgelöste vierte industrielle Revolution einen besonderen Stellenwert in Bezug auf die Nachhaltigkeit haben wird. Die Industrie als Ganzes hat einen Primärenergieverbrauch von ca. 73% (Ökologie), die Wirtschaft ist direkt von ihr abhängig (Ökonomie) und beispielsweise Arbeitsplätze und Konsum haben direkte Auswirkungen auf das Sozialwesen.

Durch die digitale Transformation wird sich die Industrie ändern. Es wird von der Industrie 4.0 gesprochen. In dieser herrscht eine intelligente Vernetzung von Maschinen und Abläufen in der Industrie mit Hilfe von Informations- und Kommunikationsdesign. Menschen und Maschinen werden in Symbiose zusammenarbeiten.

Mit Hinblick auf die Nachhaltigkeit bietet die Industrie 4.0 sowohl Chancen als auch Risiken. Im Folgenden werden die Chancen und Risiken zusammengefasst, tabellarisch dargestellt:

- Chancen:
    - Erhöhtes Wirtschaftliches Potential
    - Senkung des Energieverbrauchs durch Energiemanagement Systeme
    - Digitale Fabriken und Simulationen führen zu besserer Ressourcen- und Energieeffizienz
    - Dezentrale Produktion (bis hin zum 3D Druck) senkt Lieferverkehr für Verbraucher (z.B. weniger Rücksendungen)

- Risiken:
  - Flexibilität führt zu steigenden Transportintensitäten für Güter und Personen durch Dezentralisierung
  - Reboundeffekt: Durch ein verbessertes Angebot kann die Nachfrage steigen, wodurch mehr Ressourcen als zuvor verbraucht werden
  - Ständige Erreichbarkeit und Flexibilität führen zu einer Entgrenzung vom Privatleben und der Arbeit
  - Verlust von Berufen und Arbeitsplätzen verursacht von zunehmender Automatisierung
  - Polarisierung der Beschäftigung: Berufe am unteren und oberen Qualifikationsrand gewinnen an Bedeutung, während Beruf im mittleren Qualifikationsbereich entfallen

4.2 Fazit

Abschließend ist zu sagen, dass der Einfluss der Digitalisierung auf die Nachhaltigkeit sowohl positiv als auch negativ zu sehen ist.

Auf Grund des begrenzten Umfangs dieses Assignment konnte lediglich nur ein grundlegendes Verständnis über den Zusammenhang der digitalen Transformation und der Nachhaltigkeit erarbeitet werden.

Die aufgeführten Chancen der digitalen Transformation mit Hinblick auf die Nachhaltigkeit sollten nach Möglichkeit genutzt werden, um eine Verbesserung in der Nachhaltigkeit zu erlangen. Besonders in Hinblick auf eine gesteigerte Ressourcen- und Energieeffizient, einen sinkenden Energieverbrauch und ein hohes wirtschaftliches Potential ist der Digitalisierung und der damit verbundenen Industrie 4.0 vor allem in der Ökologie und der Ökonomie positiv zu begegnen.

Jedoch dürfen die Risiken der digitalen Transformation vor allem im sozialen Bereich nicht übersehen werden. Der Verlust von Berufen und die Polarisierung der Beschäftigung werden zu zentralen Problemen der Zukunft. Diese Probleme müssen sowohl von der Gesellschaft z.B. durch mehr Solidarität, als auch von der Politik z.B. durch soziale Ideen wie beispielsweise die des Grundeinkommens, angegangen werden.

Das Gesamtziel der Arbeit wurde durch eine Gegenüberstellung der Chancen und der Risiken der Digitalisierung am Beispiel der Industrie 4.0 erfüllt. Das Zwischenziel der theoretischen Grundlagen wurde dem Umfang der Arbeit entsprechend erarbeitet.

Literaturverzeichnis

Bauernhansel, Thomas. 2014. Die Vierte Industrielle Revolution - Der Weg in ein wertschaffendes Produktionsparadigma. [Buchverf.] Michael ten Hompel, Birgit Vogel-Heuser Thomas Bauernhansel. *Industrie 4.0 in Produktion, Automatisierung und Logistik.* Wiesbaden : Springer, 2014, S. 5 - 35.

Bergius, Susanne. 2015. Industrie 4.0 – Treiber für Zukunftsfähigkeit? [Online] handelsblatt, 15. 10 2015. [Zitat vom: 15. 02 2019.] https://www.handelsblatt.com/unternehmen/industrie/nachhaltige-investments-industrie-4-0-treiber-fuer-zukunftsfaehigkeit/12458016.html.

Bretzke, Wolf-Rüdiger. 2014. *Nachhaltige Logistik. Zukunftsfähige Netzwerk- und Prozessmodelle.* Berlin, Heidelberg : Springer, 2014.

Bretzke, Wolf-Rüdiger, et al. 2016. *Logistik trifft Digitalisierung.* Hamburg : DVV Media Group GmbH, 2016.

Buhr, Daniel. 2015. *Soziale Innovationspolitik für die Industrie 4.0.* Bonn : Abteilung Wirtschafts- und Sozialpolitik der Friedrich-Ebert-Stiftung, 2015.

Bundesministerium für Wirtschaft und Energie. 2015. *Industrie 4.0 und Digitale Wirtschaft: Impulse für Wachstum, Beschäftigung und Innovation.* Berlin : BMWi, 2015.

Bundeszentrale für politische Bildung. 2016. [Online] 2016. [Zitat vom: 20. 02 2019.] https://www.bpb.de/nachschlagen/lexika/lexikon-der-wirtschaft/18944/bruttoinlandsprodukt.

Donella Meadows, Dennis Meadows, Jørgen Randers, William Behrens. 1972. *The Limits to Growth.* New York : Universe Books, 1972.

Energie, Bundesministerium für Wirtschaft und. 2019. plattform-i40. [Online] 2019. [Zitat vom: 15. 02 2019.] https://www.plattform-i40.de/I40/Navigation/DE/Industrie40/WasIndustrie40/was-ist-industrie-40.html.

Enquette Kommission. 1998. *Schutz des Menschen und der Umwelt - Ziele und Rahmenbedingungen einer nachhaltig zukunftsverträglichen Entwicklung.* Berlin : Deutscher Bundestag, 1998.

Frey, Carl Benedikt und Osborne, Michael A. 2013. *The Future of Employment: How susceptible are jobs to computerisation?* Oxford : Oxford Martin Programme on Technology and Employment, 2013.

Heuermann, Roland, Tomenendal, Matthias und Bressem, Christian. 2018. *Digitalisierung in Bund, Ländern und Gemeinden.* Berlin : Gabler Verlag, 2018.

Keuper, Frank, et al. 2013. *Digitalisierung und Innovation: Planung - Entstehung - Entwicklungsperspektiven.* Wiesbaden : Springer Gabler, 2013.

Krückhans, Björn und Meier, Horst. 2013. Industrie 4.0 - Handlungsfelder der Digitalen Fabrik zur Optimierung der Ressourceneffizienz in der Produktion. [Buchverf.] Wilhelm Dangelmaier, Christoph Laroque und Alexander Klaas (Hrsg.). *Simulation in Produktion und Logistik.* Paderborn : HNI-Verlagsschriftenreihe, 2013, S. 31 - 40.

Mappus, Stefan. 2005. *Erde 2.0 - Technologische Innovationen als Chance für eine Nachhaltige Entwicklung?* Berlin, Heidelberg, New York : Springer-Verlag, 2005. ISBN 3-540-21327-9.

Mehl, Rainer, Dmoch, Thomas und Tschödrich, Sebastian. 2011. Customer Management 3.0: Kundenerwartungen und Chancen für Unternehmen in der Welt von morgen. [Buchverf.] Frank Keuper. *Customer Management: Vertriebs- und Servicekonzepte der Zukunft.* Berlin : Logos-Verlag, 2011, S. 3-42.

Merkel, Dr. Angela. 2018. bundesregierung.de. [Online] 21. 03 2018. [Zitat vom: 15. 02 2019.] https://www.bundesregierung.de/breg-de/service/bulletin/regierungserklaerung-von-bundeskanzlerin-dr-angela-merkel-862358.

Peter Seele, Irina Lock. 2017. The game-changing potential of digitalization for sustainability: possibilities, perils, and pathways. [Hrsg.] Springer Japan. *Sustainability Science.* 12, 15. 02 2017, S. 183 - 185.

Petschow, Ulrich, et al. 2014. *Dezentrale Produktion, 3D-Druck und Nachhaltigkeit.* Berlin : Institut für ökologische Wirtschaftsforschung, 2014.

PWC. 2014. *Industrie 4.0: Chancen und Herausforderungen der vierten industriellen Revolution.* 2014.

Reinheimer, Stefan. 2017. *Industrie 4.0 Herausforderungen, Konzepte und Praxisbeispiele.* Nürnberg : Springer Vieweg, 2017.

Siemens AG. 2012. *Perspektiven: Produktivität und Effizienz verbinden.* Erlangen : Siemens AG, 2012.

Umweltbundesamt. 2018. [Online] 03. 05 2018. [Zitat vom: 20. 02 2019.] https://www.umweltbundesamt.de/daten/umwelt-wirtschaft/industrie/branchenabhaengiger-energieverbrauch-des#textpart-1.

Wolter, Marc Ingo, et al. 2015. *Industrie 4.0 und die Folgen für Arbeitsmarkt und Wirtschaft.* Nürnberg : Institut für Arbeitsmarkt- und Berufsforschung, 2015.

World Commission on Environment and Development. 1987. *Our common future.* Oxford : United Nations, 1987.

www.ingramcontent.com/pod-product-compliance
Lightning Source LLC
La Vergne TN
LVHW042319060326
832902LV00010B/1605